経理基礎

林 直樹 著

職業訓練法人 H & A

◇ 発行にあたって

　当法人では、人材育成に係る教材開発を手掛けており、本書は愛知県刈谷市にあります ARMS 株式会社（ARMS 研修センター）の新入社員研修を進行する上で使用するテキストとして編集いたしました。

　ARMS 研修センターの新入社員研修の教育プログラムでは、営業コースをはじめ、オフィスビジネスコース、機械加工コース、プレス溶接加工コース、樹脂加工コースなど全 18 種類の豊富なコースを提供しております。また、昨今の新型コロナウイルス感染拡大を受け、Zoom※でのネット受講でも使用できるように、できる限りわかりやすくまとめましたが、対面授業で使用するテキストを想定しているため、内容に不備があることもございます。その点、ご理解をいただければと思います。

　本書では新入社員研修の内容をご理解いただき、日本の将来を背負う新入社員の教育に役立てていただければ幸いです。

　最後に、本書の刊行に際して、ご多忙にもかかわらずご協力をいただいたご執筆者の方々に心から御礼申し上げます。

2021 年 3 月

職業訓練法人　　H&A

※Zoom は、パソコンやスマートフォンを使って、セミナーやミーティングをオンラインで開催するために開発されたアプリです。

◇ 目次

第4章　売上・支払

第5章　給料

第6章　決算書作成

第 1 章

経理の仕事

01 経理の仕事とは

　会社はいろいろな取引をしていますが、その取引と一緒にお金も動いています。商品を売ればお金が入ってきますし、商品を仕入れたり、備品を購入したりすればお金が出ていきます。

　経理はそのお金の流れを管理・記録していきます。商品を売って終わりではなく、請求書を渡して売上のお金を頂かないといけません。商品を買った側は商品を買って終わりではなく、請求書と納品されたものが間違ってないか確認して、期日までにお金を支払う必要があります。

　お金の管理や記録をしていくと次に必要になってくるのが、資金繰りや必要な売上の計算です。会社のお金がなくなり毎月の決まった支払いができなくなると会社は倒産します。会社が倒産しないためには、毎月の支払いができるための売上が必要であり、必要な売上をあげることが難しければ銀行より借入が必要です。経理は毎日会社のお金を見ているので、いつお金が足りなくなるのか最初に気づくことができます。そのため経理という仕事が非常に重要になってくるわけです。

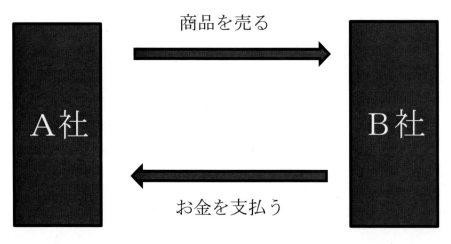

図表 1-1：会社間の取引イメージ

02 会社の取引

　経理の仕事をするうえでは、会社がどういう取引をしているのかを理解しておくことが重要になってきます。なぜなら、会社は1年に1度、決算書とよばれる会社の財政状況や経営成績を表す書類を作成します。財政状況とは、一定時点に会社が持っている現預金、土地建物などの資産、買掛金や銀行からの借入金などの負債、出資金や会社の利益などからなる純資産の状況が分かります。経営成績とは、一定期間、会社が経済活動を行ったことによる売上と費用を計算してどのくらいの利益になるかという成績が分かります。決算書は会社が1年間どういったことをしてきたかを数字で把握することができる重要な書類であり、会社の価値等を知ることもできます。

　経理は決算書として会社が何を1年間でやってきたかを数値で表現するわけですから、その基となる会社の行っている取引を理解することができなければ決算書を作成することはできません。お金に関わることはトラブルになりやすく、なにかあれば信用を失うことにつながります。会社の取引の仕組みを理解して、経理の仕事の重要性を知ることが会社全体の信用につながります。

　会社はいろいろな取引をしていますが、取引を大きく分類すると以下の通りです。
　会社はお金を集めて、その資金を設備などの投資につかい、事業を行って利益を出します。

（1）お金を集める財務活動

　　　投資家からの出資を受ける、銀行から借りる

（2）会社が成長するためにお金をつかう投資活動

　　　工場を建てる、機械を購入する、有価証券を取得する

（3）財務活動と投資活動以外の営業活動

　　　商品の売買、給料や経費の支払い

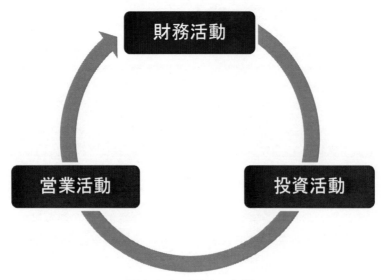

図表 1-2：取引の分類

　製造業の会社であれば財務活動により集めてきたお金をつかって、事務所や工場を建てたり、機械を買ったりします。そこでやっと、製品をつくってお客さんに製品を売ることができ、会社にお金が入ってきます。

03　業務内容

（1）現金預金管理

　従業員が立て替えた経費を精算したり、経費の支払いをしたりします。金庫の現金と現金出納帳の残高に差がないか確認をします。
　預金口座に何か入金や支払がないか確認し、預金口座の残高には気を付けておく必要があります。

（2）売上管理

　商品を売ると請求書を作成して、取引先に送ります。
　期日までに売上の入金があるか確認をして、入金がなければ催促をする必要があります。

（3）仕入管理

商品を買うと請求書と納品書が届きます。請求書と納品書を確認して、内容に間違いがないか確認をします。間違いがなければ指定の期日までにお金を支払います。

（4）帳簿作成

会社の取引を日付順に仕訳帳に記入していきます。

（5）給料計算

1か月間の労働時間を集計して、給料を計算します。
支払日になると給料を振り込みます。

（6）決算業務

決算書を作成します。そのためには、商品の在庫を数えたり、それぞれの取引を当期の費用収益なのかを確認したりする必要があります。

第 2 章

簿 記

01　簿記のルール

1．簿記とは

　簿記とは帳簿記入の略称です。会社のお金の流れを帳簿に記録するためのルールを定めています。簿記の目的は会社の経営成績はどうか、どういった財政状態なのかを数値として報告するために帳簿を作成しています。

　簿記には単式簿記と複式簿記という記入方法があります。

　単式簿記はお小遣い帳のように現金がいくら増えたのか、いくら減ったのかを毎日記録する方法です。1か月間の増減を集計することで、1か月間で現金が増えたのか減ったのかを把握することができます。

　複式簿記とは取引を事実と理由に分けて、左側の借方（かりかた）、右側の貸方（かしかた）に分けて記録します。取引の内容は勘定科目という科目をつかって表示されます。

　簿記では複式簿記が採用されています。単式簿記はいろいろな取引をお金の増減という視点でしか記録しないので、経営成績や財政状態を把握するには適していません。複式簿記はいろいろな取引をそれぞれに適した勘定科目を利用して記録することで、単式簿記ではできない利益の計算などをすることができます。

　経理の仕事としては、日々行ってきた簿記の記録を集計し、決算書を作成します。会社はその年の利益に基づいて法人税を計算して、期日までに納めます。

　会社は将来に向かって継続的に事業を行っていきます。そのため、売上や利益を集計する期間を定めなければ利益が確定せず、事業を行わなくなった時点まで決算書が作成されません。そこで、一定の期間で区切って、その期間における利益を計算します。その区切られた一定の期間を会計期間といいます。会計期間の開始日を期首、最終日を期末といいます。会計期間の最初の半年を上半期、後の半年を下半期と2つに区切ったり、さらに第1四半期、第2四半期というように、3か月ごとに4つに分けたりすることもあります。

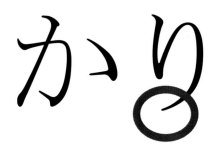 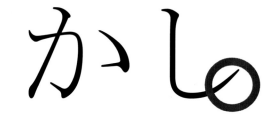

借方は「かり」の「り」が左方向にはねているので左
貸方は「かし」の「し」が右方向にはねているので右

日付	支出	収入
8/5	電話代　9,800 円	
8/7	飲食代　10,000 円	
8/10	水道代　3,000 円	
8/13	電気代　10,000 円	
8/15		仕送り　50,000 円
8/20		バイト代　100,000 円
合計	32,800 円	150,000 円

図表 2-1：単式簿記によるお小遣い帳

お小遣い張は現金の収入と支出を毎日記録していきます。

月末にそれぞれ集計することで、その差額が現金の残高になります。

この方法では、現金の残高はわかりますがそれぞれの支出がどれだけかかっているかは再度集計しないとわかりません。

日付	借方	貸方
8/5	通信費　9,800 円	現金　9,800 円
8/7	交際費　10,000 円	現金　10,000 円
8/10	水道光熱費　3,000 円	現金　3,000 円
8/13	水道光熱費　10,000 円	現金　10,000 円
8/15	現金　50,000 円	雑収入　50,000 円
8/20	現金　100,000 円	売上　100,000 円

図表 2-2：複式簿記によるお小遣い帳

会計期間の考え方

期首から始まり、期末までを一つの期間として計算していきます。

現在の会計期間を「当期」といい、一つ前の期を「前期」、一つ次の期を「翌期」といいます。

2．仕訳

簿記で記録する取引は、現金が動くものだけではなく債権・債務の発生や建物の損壊なども取引に含まれてきます。資産・負債・純資産・費用・収益を増減させるものはすべて取引となり、それらの取引を複式簿記により帳簿に記録していきます。

仕訳とは取引を「借方」「貸方」の2つに分類して、帳簿に記録することをいいます。取引の内容は勘定科目と金額で示します。

日付	借方	貸方
4/1	通信費　10,000 円	現金　10,000 円

図表 2-3：会社の電話代 10,000 円を現金で払ったとき

現金を払ったという事実が右側の貸方へ、その理由が左側の借り方に記入されます。それぞれの事実と理由にふさわしい勘定科目と金額が借方と貸方に入ります。

勘定科目とは、仕訳をする際に取引を分類する項目名です。

ノートやボールペンを買った際に、「ノート」「ボールペン」という勘定科目で表示するのではなく、「消耗品費」という勘定科目で表示します。勘定科目「消耗品費」には、会社で使用する少額の備品を買ったとき等に、この勘定科目を使用します。

取引に応じて、それに適した勘定科目を使用していますが、会社によって他社にはない勘定科目を作り使用することもあります。

勘定科目は、「資産」「負債」「純資産」「収益」「費用」に分類されていきます。

仕訳のルールがこの分類ごとに決まっています。増加または減少によって、借方か貸方に表示されます。

３．帳簿

　帳簿は主要簿と補助簿に大きく分けられます。

（１）主要簿

　　仕訳帳と総勘定元帳のことをいいます。仕訳帳に、取引を日付順に記入していきます。総勘定元帳には、勘定科目ごとに取引がまとめられています。

（２）補助簿

　　現金出納帳、預金出納帳、仕入先元帳など主要簿を補助するために作られるものです。

（３）帳簿保存

　　仕訳帳、元帳などの帳簿や請求書、領収書は法律で保存する期間がそれぞれ決められています。保存期間の対象は、法律（商法・会社法・税法）によって異なります。

　　主要簿、補助簿、決算書・・・10 年間

　　領収書、通帳、請求書、納品書・・・7 年間

仕訳帳：会社の日々の取引を日付順に、仕訳を記入していきます。

日付	借方科目名	貸方科目名	金額	摘要
4/1	接待交際費	現金	4,000 円	○○居酒屋
4/2	旅費交通費	現金	1,000 円	駐車場代
4/3	通信費	現金	600 円	切手代
4/4	雑費	現金	220 円	振込手数料
4/5	売掛金	売上	100,000 円	○○工場
4/6	仕入	買掛金	50,000 円	○○材料屋
4/7	現金	売上	10,000 円	○○商店

図表 2-4：仕訳帳イメージ

総勘定元帳：仕訳帳の内容を勘定科目ごとに抜き出して帳簿に記入していきます。

日付	摘要	相手科目名	借方金額	貸方金額	残高金額
	前期より繰越				100,000 円
4/1	○○居酒屋	接待交際費		4,000 円	96,000 円
4/2	駐車場代	旅費交通費		1,000 円	95,000 円
4/3	切手代	通信費		600 円	94,400 円
4/4	振込手数料	雑費		220 円	94,180 円
4/7	○○商店	売上	10,000 円		104,180 円

図表 2-5：現金の総勘定元帳イメージ

図表 2-6：取引発生から総勘定元帳へ転記するまでの流れ

　会社は日々経済活動をしますので、さまざまな取引が発生します。

　その取引による領収書や請求書などの証拠書類（証憑）をもとに経理担当者は仕訳を仕訳帳に記録していきます。

　続いて、仕訳帳の記録を勘定科目ごとにまとめた「総勘定元帳」に転記します。総勘定元帳をみることで、売上の発生が時系列で確認できたり、月ごとの売上を把握したりすることができます。

　帳簿に取引を記録することで、決算の際にまとめて財務諸表を作成することができます。

　ほとんどの会社では会計ソフトをつかって、仕訳をしています。

　そのため、経理担当者は仕訳を入力するだけで、あとは自動的に帳簿書類が作成されます。

図表 2-7：経理担当者と会計ソフトが実施する業務

4．資産

資産とは企業の所有する金銭や物品、権利、売掛金や貸付金などの債権をいう。

現金	紙幣、硬貨、小切手など
小口現金	少額の経費の支払いを行うために、手元においてある少額の現金
預金	金融機関の口座に預け入れているお金
受取手形	売上によって受け取った約束手形
売掛金	商品を掛けで売った時に発生する債権
仮払金	まだ精算されていない出金
前払費用	まだ提供を受けていない継続的な取引やサービスに対して前払したもの
建物	事業用の事務所、店舗など
土地	建物や駐車場の土地

図表 2-8：資産の勘定科目の例示

売掛金は本業での商品を売ったことによる債権。

未収入金は、本業の商品以外のものを販売したことによる債権。

どちらも債権であることにかわりがありませんが、発生した理由が異なります。

仕訳をする際には、資産が増加したら借方、資産が減少したら貸方に記入します。

	借方	貸方
資産の勘定科目	増加	減少

現金が入ってきたら資産が増加したということなので、現金の勘定科目を借方へ

経費を現金で支払ったら資産が減少したということなので、現金の勘定科目を貸方へ

5．負債

負債とは、いずれ支払わなければならないお金のこと。

支払手形	支払いをするために振り出した約束手形
買掛金	商品を掛けで買ったときに発生する債務
未払金	まだ支払っていない債務で、金額が確定したもの
未払費用	まだ支払いしていない債務で、金額が確定していないもの
借入金	金融機関などから現金を借入したときに発生する債務

図表 2-9：負債の勘定科目の例示

仕訳をする際には、負債が増加したら貸方、負債が減少したら借方に記入します。

未払金と未払費用が似ているので気を付けましょう。

	借方	貸方
負債の勘定科目	減少	増加

借入を増やしたら負債が増加したということなので、借入金の勘定科目を貸方へ

借入を返済したら負債が減少したということなので、借入金の勘定科目を借方へ

６．純資産

純資産とは、資産と負債の差額をいいます。

資本金	会社設立や増資の際に会社が受ける出資金のうち一定のもの
資本準備金	増資などの出資金のうち、資本金に計上しなかったもの
繰越利益剰余金	会社設立からの利益累計
利益準備金	利益の中から積み立てておくもの

図表 2-10：純資産の勘定科目の例示

純資産は資産と負債の差額となります。

会社の資産を現金化して、負債を支払うと純資産が残るということです。

仕訳をする際には、純資産が増加したら貸方、純資産が減少したら借方に記入します。

	借方	貸方
純資産の勘定科目	減少	増加

増資があると純資産が増加したということなので、純資産の勘定科目を貸方へ

減資があると純資産が減少したということなので、純資産の勘定科目を借方へ

７．収益

収益は、会社が経営活動の結果、得る収入のことです。

売上	本業としての商品販売によって生じる収益
受取利息	貸付金などから生じる利息
受取配当金	株式などの配当金
雑収入	本業以外の取引で生じた収益
固定資産売却益	建物などの固定資産を売却した際に発生した収益

図表 2-11：収益の勘定科目の例示

仕訳をする際には、収益が増加したら貸方、収益が減少したら借方に記入します。

売上は本業の取引によって生じる収益となっています。

本業とは、会社の定款に会社の目的として書かれているものが売上になってきます。

売上は会社の業態に応じて、いろいろな名前で種類ごとにわかるように勘定科目を作り分けています。

不動産を販売するという取引が発生した場合に、不動産販売をしていない会社が不動産を販売した場合は特別利益（損失）という表示区分に、固定資産売却益（売却損）の勘定科目をつかって仕訳をし表示します。

不動産販売を本業にしている会社の場合は、本業ですので売上として仕訳をします。

さまざまな取引が発生した際に、会社の本業が何かを把握していることが正しい仕訳をすることにつながります。

	借方	貸方
収益の勘定科目	減少	増加

売上があると収益が増加したということなので、収益の勘定科目を貸方へ

返品で売上が減ると収益が減少したということなので、収益の勘定科目を借方へ

8．費用

費用とは、会社が収益を得るために必要な出費のこと。

仕入	商品を仕入れたの費用
給与	従業員に支払われる給与
役員報酬	取締役に支払う報酬
法定福利費	健康保険、厚生年金、雇用保険、労災保険など
福利厚生費	社員旅行など従業員の慰安を目的とした費用
支払手数料	振込手数料など
旅費交通費	バス、地下鉄、タクシーなどの交通費
広告宣伝費	看板や CM など宣伝を目的とした費用
接待交際費	取引先の接待や贈答の費用
会議費	打ち合わせにかかった飲食代など
通信費	切手、電話、インターネットなどの費用
消耗品費	筆記用具や事務用品などの費用
水道光熱費	水道、電気、ガスなどの費用
新聞図書費	新聞、書籍、雑誌などの費用
租税公課	印紙税、固定資産税、自動車税など
保険料	生命保険や損害保険などの保険料
支払利息	借入金にかかる利息
車両費	車のガソリン代、修繕、車検など車の維持管理費用
減価償却費	建物や車両運搬具などで使用に伴い価値が減少した分
雑費	営業活動で生じた費用で、他の勘定科目にあてはまらない費用

図表 2-12：費用の勘定科目の例示

仕訳をする際は、費用が増加したら借方、費用が減少したら貸方に記入します。

費用は、会社が使ったお金の理由を示しています。費用の勘定科目を細かく分けることにより、会社が何にお金をつかっているかを把握することができます。経費削減などの経営判断の材料として活用することができます。

費用の勘定科目は、会社によってさまざまです。

	借方	貸方
費用の勘定科目	増加	減少

仕入があると費用が増加したということなので、費用の勘定科目を借方へ

商品の返品で返金があると費用が減少したということなので、費用の勘定科目を貸方に記入します。

02 仕訳のパターン

　仕訳をパターン化すると、①現金が入ってくる②現金が出ていく③売掛金による売上④買掛金による仕入⑤経費を支払う

　という5つのパターンに分けることができます。もちろんこれだけではありませんが頻出するパターンになります。

1．現金収入の仕訳

　取引を仕訳する際には、勘定科目をつかい、理由と事実に分けることが大事です。

　商品を現金10万円で売った取引を理由と事実に分けます。

　商品10万円を売ったという理由（売上10万円増加が理由）

　現金10万円を受け取ったという事実（現金10万円の増加が事実）

　に分けることができます。

　この取引では、現金と売上の勘定科目が使用されます。

　現金は資産のグループになるので、増加した場合は現金の勘定科目を借方に記入します。

　売上は収益のグループになるので、増加した場合は売上の勘定科目を貸方に記入します。

借方	貸方
現金　100,000円	売上　100,000円

現金が増えたという事実は、売上が発生したという理由があると考えることができます。

2．現金支出の仕訳

　商品を現金10万円で仕入れた取引を理由と事実に分けて仕訳をします。

　まず、商品10万円を仕入れたという理由（仕入10万円増加が理由）

　現金10万円を支払ったという事実（現金10万円の減少が事実）

　に分けることができます。

この取引では、現金と仕入の勘定科目が使用されます。

現金は資産のグループになるので、減少した場合は現金の勘定科目を貸方に記入します。

仕入は費用のグループになるので、増加した場合は仕入の勘定科目を借方に記入します。

借方	貸方
消耗品費　100,000 円	現金　100,000 円

お金が減ったという事実は、消耗品を買ったという理由があると考えることができます。

3．売上の仕訳

先ほどのパターンは現金による売上ですが、売掛金を使用した仕訳もあります。

まず、商品 10 万円を売ったという理由（売上 10 万円増加が理由）

売掛金 10 万円が発生したという事実（売掛金 10 万円増加が事実）

に分けることができます。

この取引では、売掛金と売上の勘定科目が使用されます。現金はこの取引では出てこないので、現金の勘定科目は使用しません。

売掛金は資産のグループになるので、増加した場合は売掛金の勘定科目を借方に記入します。

売上は収益のグループになるので、増加した場合は売上の勘定科目を貸方に記入します。

借方	貸方
売掛金　100,000 円	売上　100,000 円

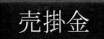 

売掛金が発生したという事実は、売上が発生したという理由があると考えることができます。

4．仕入の仕訳

仕入を掛けで取引した場合の仕訳があります。

まず、商品 10 万円を仕入れたという理由（仕入 10 万円増加が理由）

買掛金 10 万円が発生したという事実（買掛金 10 万円増加が事実）

に分けることができます。

　この取引では、買掛金と仕入の勘定科目が使用されます。現金はこの取引では出てこないので、現金の勘定科目は使用しません。

　買掛金は負債のグループになるので、増加した場合は買掛金の勘定科目を貸方に記入します。

　仕入は費用のグループになるので、増加した場合は仕入の勘定科目を借方に記入します。

借方	貸方
仕入　100,000 円	買掛金　100,000 円

　　　　（理由）　　　　　　　　　　　　　　　　　　　　　　　（事実）

　買掛金が発生したという事実は、仕入が発生したという理由があると考えることができます。

5．経費の仕訳

　現金により経費を支払った取引を考えていきます。

　まず、電気代 3 万円を支払ったという理由（水道光熱費 3 万円増加が理由）

　現金 3 万円を支払ったという事実（現金 3 万円減少が事実）

に分けることができます。

　この取引では、水道光熱費と現金の勘定科目が使用されます。

　水道光熱費は費用のグループになるので、増加した場合は水道光熱費の勘定科目を借方に記入します。

　現金は資産のグループになるので、減少した場合は現金の勘定科目を貸方に記入します。

借方	貸方
水道光熱費　30,000 円	現金　30,000 円

借方側に記入する経費の勘定科目はどのような取引になるかで変わっていきます。

その取引の原因が何なのかを考えて、その原因にあった勘定科目を使用して

現金が減った事実は、水道光熱費を払ったという理由があると考えることができます。

03　売掛金と買掛金

■ 掛取引

　掛取引とは、売掛金や買掛金が発生する取引のことをいいます。商品の代金をツケにして行う取引のことです。

　商品を販売して、まだ受け取っていない代金を売掛金といいます。

　商品を仕入れて、まだ支払っていない代金を買掛金といいます。

　買掛金は売手側に対して負っている債務をいい、売掛金は買い手側に対して持っている債権をいいます。

　商品を売ったことで発生するので売掛金、商品を買ったことで発生するので買掛金となります。

100 万円の商品を掛けで仕入れたとき

	借方	貸方
4/1	仕入　100 万円	買掛金　100 万円

　これは 100 万円の仕入をしたことにより、100 万円の買掛金が発生しています。

　それぞれを「仕入」と「買掛金」の勘定科目で仕訳しています。

　費用と負債が増える仕訳になります。

買掛金 100 万円を預金より支払ったとき

	借方	貸方
4/30	買掛金　100 万円	預金　100 万円

　これは買掛金 100 万円を預金で払ったことを、「買掛金」と「預金」の勘定科目で仕訳しています。

　この仕訳では、資産と負債が減る仕訳になります。この仕訳では経費は発生していません。

　費用が発生するのは、代金を支払ったときではなく仕入れをしたときになります。

100 万円の商品を掛けで売ったとき

	借方	貸方
4/1	売掛金　100 万円	売上　100 万円

　これは 100 万円の商品を売ったことにより、100 万円の売掛金が発生しています。

　「売掛金」と「売上」の勘定科目で仕訳しています。

資産と収益が増える仕訳になります。

売掛金 100 万円の入金が預金にあった

	借方	貸方
4/1	預金　100 万円	売掛金　100 万円

これは売掛金 100 万円の入金が預金にあったことを、「預金」と「売掛金」の勘定科目で仕訳しています。

資産の減少と増加の仕訳になります。

商品の売買の取引を売り手側と買い手側で仕訳をみてみましょう。

売り手側

	借方	貸方
4/1	売掛金　10 万円	売上　10 万円

買い手側

	借方	貸方
4/1	仕入　10 万円	買掛金　10 万円

商品を売買する取引は、売る側にはお金をもらう権利である債権が発生し、買う側にはお金を払う義務である債務が発生します。

売り手側が本業の商品を売った場合には、常に同じ仕訳になってくるはずですが、買い手側の仕訳は何を買うかによって変わってきます。

前述の仕訳は、買い手側も本業で売る商品を買った場合の仕訳になってきます。

具体的には、卸売業者から商品を仕入れた場合などが該当します。

第 3 章

現金・預金

01　現金管理

1．現金出納帳

　金庫やレジのお金を毎日確認して、帳簿上の残高と実際の残高を合わせる必要があります。現金出納帳とは、現金の入出金を毎日発生順に記録して、現金がいくらあるかを管理するための帳簿です。現金出納とは、現金の入出金を記録することをいいます。

　経理担当者として大事なことは、現金出納帳を作成するということだけではなく、実際にある手元の現金の金額と現金出納帳の金額を一致させることです。

　簿記上の現金というと、紙幣・硬貨・他人振出小切手・送金小切手・郵便為替証書・配当金領収書・外国通貨・期限が到来した公社債の利札などをいいます。

日付	摘要	科目	入金	出金	残高
8月1日	前月繰越		100,000 円		100,000
8月5日	携帯代	通信費		9,800 円	90,200
8月7日	A飲食店	交際費		10,000 円	80,200
8月10日	水道代	水道光熱費		3,000 円	77,200
8月13日	電気代	水道光熱費		10,000 円	67,200
8月15日		雑収入	50,000 円		117,200
8月20日		売上	100,000 円		217,200

図表 3-1：現金出納帳

2．経費の支払

　現金を扱う業務の一つとして、従業員が立替払いをした経費を精算し、その金額を従業員に渡します。

　経理担当者は、領収書等の内容を確認して会社が負担するべきものなのか判断する必要もあります。

　経費を精算する際に必要なのは、領収書や精算書です。

　領収書とは、受取人が支払者に対して、金銭を受け取ったことを証明する書類です。

　精算書とは従業員が立替をした経費を精算するために、会社に提出する書類です。

接待交際費であれば、精算書に以下の内容を記入します。
① 飲食のあった年月日
② 飲食に参加した得意先の会社名、氏名
③ 飲食に参加した人数
④ 飲食店の名前と所在地

電車やバスなどの交通費であれば、1か月ごとにまとめて書いて提出するなどします。
内容としては、日付・乗車区間・訪問先・金額を記入します。

祝儀や香典の場合は、領収書がありませんので、招待状などを保存するとともに、出金伝票に日付・支払先・内容・金額を明記しておきましょう。
クレジットカードで支払った場合でも、カードの利用明細ではなく、領収書を保存します。銀行振込の場合は、振込の控えを保存します。

3. 仮払金

仮払金とはまだ精算されていない出金をいいます。
具体的には、従業員が出張する際に出張で必要になるであろう金額を先に渡しておきます。従業員は出張から帰ってきたら、領収書を提出して精算します。
従業員の出張に使われる交通費などは、出張が終わった後でなければ正確にはわかりません。従業員が出張から帰った後で精算するため、精算されるまでは仮払金という勘定科目をつかって仕訳をします。
仕訳にすると以下のようになります。

出張で必要になるであろう金額を5万円渡した。

	借方	貸方
4/1	仮払金　5万円	現金　5万円

このお金を渡した段階では、経費をつかっていないので仮払金の勘定科目をつかいます。

従業員が出張から帰ってきて、領収書を精算した。
宿泊費2万円、飲食代1万円、交通費1万円かかった。

	借方	貸方
4/20	旅費交通費　4万円	仮払金　5万円
	現金　1万円	

出張でかかった経費は4万円であり、つかわなかった1万円は会社に返す必要があります。

4/1 の仮払金が発生したときの仕訳を直すのではなく、精算した 4/20 に仮払金の内訳を示した仕訳をします。

4．売上の現金回収

従業員が売上代金を現金で回収することがあります。

その際は、受け取った現金と引き換えに領収書を渡す必要があります。

領収書は事前に経理担当者が作成し、従業員に渡しておきます。

記載内容に間違いがないよう確認しましょう。

経理担当者は売上代金と領収書の控えを受け取ったら、現金を受け取り、取引を帳簿に記入します。

4月1日に発生した売掛金 100 万円を、4月 20 日に現金で回収した。

	借方	貸方
4/1	売掛金　100 万円	売上　100 万円
4/20	現金　100 万円	売掛金　100 万円

預金ではなく、現金で回収しているため勘定科目は「現金」となります。

5．現金残高の確認

現金の取引を現金出納帳に記録していると、現金の支払い漏れや、帳簿の記入漏れや、記入間違いが起こります。そのため、出納帳の残高と実際の現金残高に相違がでてきます。

もしも一致しない場合は、帳簿への記入ミスがないか確認し、現金を数えなおします。

経理担当者一人だけでチェックするのではなく、月末などには上司にも立ち会ってもらい実際に現金が一致することを確認してもらいましょう。一致していることを確認した従業員が一人でないことが重要です。

現金を確認する際に、手元の現金を種類別に記録した「金種表」を利用するなどします。

金種表は、紙幣や硬貨を種類別に計算した表のことをいいます。

通常であれば手元の現金と現金出納帳の残高は一致しますが、金額の記入間違いや漏れ、現金の数え間違いなどが原因で一致しないこともあります。

その際は、その旨を上司に報告して、仕訳では「現金過不足」という勘定科目をつかいます。

実際に手元にある現金残高の金額になるように帳簿残高を合わせるように仕訳します。

不一致を発見したとき

現金の実際残高 ＜ 帳簿残高

	借方	貸方
4/15	現金過不足　1万円	現金　1万円

　手元の現金より帳簿残高が多くなっているわけなので、手元の現金残高に合わせるため帳簿の残高を減らします。

現金の実際残高 ＞ 帳簿残高

	借方	貸方
4/15	現金　1万円	現金過不足　1万円

　手元の現金が帳簿残高より多くなってしまっているわけなので、手元の現金残高に合わせるため帳簿の残高を増やします。

　どちらの仕訳も実際の現金残高と帳簿残高の差額を現金過不足の勘定科目をつかって、実際の現金残高の金額になるように仕訳しています。

　現金過不足の原因が決算業務までにわかった場合は、現金過不足勘定を正しい勘定科目になおす仕訳をします。
　また、原因が最後まで分からない場合は「雑収入」または「雑損失」という勘定科目で処理します。

決算までに原因が判明した場合

	借方	貸方
3/31	接待交際費　1万円	現金過不足　1万円

　現金過不足の原因が接待交際費の記入漏れだったことが分かった場合の仕訳です。
　記入漏れだったので、追加の仕訳をするわけですが、現金を減らす仕訳は現金過不足を認識した際に記帳しているため、ここでは現金の勘定科目を使用しません。

決算までに原因が不明だった場合

実際の現金より帳簿残高が多かった原因が分からなかった場合

	借方	貸方
3/31	雑損失　1万円	現金過不足　1万円

雑損失の勘定科目をつかって費用として仕訳します。

実際の現金が帳簿残高より少なかった原因が分からなかった場合

	借方	貸方
3/31	現金過不足　1万円	雑収入　1万円

雑収入の勘定科目をつかって収入として仕訳します。

02 預金管理

1．預金の種類

預金の種類には、当座預金、普通預金、定期預金などがあります。

当座預金は、小切手や手形を振り出すなどするための銀行口座です。利息がつきません。
普通預金は、自由に入金と出金ができる銀行口座です。
定期預金は、最初に期間を決めて資金を預け入れます。

会社はさまざまな用途に応じていくつかの預金口座を持っています。経費の支払いや資金
繰りを計算するために、預金の残高がどのくらいあるかを知っておく必要があります。

2．小切手

小切手は現金に変えることができ、現金の持ち運びをする必要がない便利な支払い方法と
して広くつかわれています。
小切手を受け取ったら、銀行に持参して現金にかえてもらいます。

10万円の売掛金を小切手で受け取った時

	借方	貸方
4/30	現金　10万円	売掛金　10万円

小切手はすぐに現金にかえられることから、現金の勘定科目を使用します。

10万円の買掛金を小切手で支払った時

	借方	貸方
4/30	買掛金　10万円	当座現金　10万円

小切手で支払いをする際は、当座預金から代金が支払われるため、当座預金の勘定科目が使
われます。

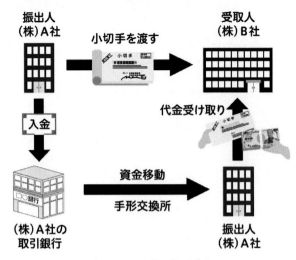

図表 3-2：小切手の流れ

3．手形

　商品を売った時に受け取る手形を「受取手形」
　商品を仕入れて支払うときに振り出した手形を「支払手形」といいます。

商品 100 万円の売上代金を手形で受け取った仕訳

	借方	貸方
4/30	受取手形　100 万円	売上　100 万円

支払期日がきて、手形を現金で受け取った仕訳

	借方	貸方
5/15	現金　100 万円	受取手形　100 万円

商品 100 万円の仕入れ代金を手形で支払う場合

	借方	貸方
4/30	仕入　100 万円	支払手形　100 万円

支払期日がきて、代金が支払われた場合

	借方	貸方
5/15	支払手形　100 万円	当座預金　100 万円

　手形を振り出す際は、支払われる期日を管理して、支払日にその金額が銀行の当座預金に用意してあることを確認しておきましょう。

第 4 章

売上・支払

01　売上管理

1．請求書を作成する

　商品を売ったり、サービスを提供したりしたら、取引内容を確認するために、請求書を作成して取引先に送付します。請求書により請求額や振込先を示して代金の支払いを求めます。

　請求書は、月末に締めて1か月分をまとめて、翌月の初旬に相手の会社に郵送するのが一般的です。

　請求書には、取引先の会社名、請求番号、請求日、請求額、振込先などを明記します。

2．売掛金管理

　売掛金の管理は経理の重要な仕事の一つです。売掛金を取引先ごとにまとめた補助簿もつくり入金をチェックすることで、売掛金の回収漏れを防ぐことができます。

取引先ごとの売掛金補助元帳

株式会社A

日付	摘要	相手科目	借方	貸方	残高
4/1	前期繰越		100,000		100,000
4/10	商品10個	売上	1,000,000		1,100,000
4/20	商品10個	売上	1,000,000		2,100,000
4/30	売掛金回収	預金		1,100,000	1,000,000

　取引先ごとに売掛金の元帳を作成することで、月ごとの残高を明らかにすることができます。

3．入金の確認

　商品を売るとともに請求書を取引先に渡し、請求書に書かれた預金口座に振り込んでもらうのが一般的です。取引先に渡した請求書の振込期日がきたら、銀行の通帳を確認して請求書どおりの金額が振り込まれているかを確認しましょう。

　振込期日を過ぎても入金がない場合は、何かしらの対応が必要になります。

02 支払管理

1．請求書を確認する

　商品といっしょに納品書が送られてきます。納品書には商品の内容や数量が書かれているので、実際の商品の内容と数量に間違いがないか確認する作業として検品と検収を行いましょう。請求書が届いたら、納品書と照らし合わせて、注文した内容に間違いがないかを確かめます。

2．買掛金管理

　取引先が多いところは売上と同様に、買掛金を取引先ごとにまとめた補助簿をつくり支払いのチェックをすることで支払い漏れを防ぐことができます。

取引先ごとの買掛金補助元帳

株式会社B

日付	摘要	相手科目	借方	貸方	残高
4/1	前期繰越			100,000	100,000
4/10	商品 10 個	仕入		1,000,000	1,100,000
4/20	商品 10 個	仕入		1,000,000	2,100,000
4/30	売掛金回収	預金	1,100,000		1,000,000

　取引先ごとに買掛金の元帳を作成することで、月ごとの残高を明らかにすることができます。

3．経費の支払

　請求書に間違いがなければ、請求書の支払日までに指定の口座に入金をします。
　支払いが済んだ請求書は支払ったことが分かるようにチェックをするなどして、二重払いを防ぎ、確認の手間を省くことができます。

第 5 章

給 料

01　給料計算

1．総支給額

　総支給額とは、基本給に各種手当を合算したものをいいます。

　基本給とは年齢、勤続年数、職種などによってきめられる賃金です。

　各種手当とは、時間外手当、役職手当、家族手当、通勤手当などがあります。

　また、給料は会社によって名称や金額が異なります。

2．控除額

　総支給額から社会保険料や税金を引いた、差引支給額を計算します。

　給料から天引きされるものには法律によって天引きされることが決められている社会保険料と税金があります。

　健康保険、厚生年金保険、雇用保険、介護保険などの社会保険料と、所得税と住民税の税金です。

　会社は給料を支払うときに、これらの控除額を給料から天引きして、従業員にかわって納付します。

　また、法律で控除することがきまっているもの以外にも、労働組合費や社宅費などが給料から天引きされる場合があるため、会社によって違います。

　健康保険料は、年金事務所等に納付する保険料です。会社と従業員が折半します。

　厚生年金保険料は、年金事務所に納付する年金です。

　雇用保険料は、失業手当や職業訓練などの保険です。労働基準監督署に納付します。

　介護保険料は、40歳以上の従業員が払う保険料です。会社と従業員が折半します。

　所得税は、個人がその年の1月1日から12月31日に得た、所得に対して課税される税金です。

　住民税は、個人が住んでいる都道府県と市町村に収める税金をいいます。前年の所得をもとに地方自治体が計算します。

3．仕訳

　従業員に支払う給料は総支給額から控除額を引いた金額ですが、費用として認識するのは
総支給額です。控除額は預り金という勘定科目を使って処理します。

給料支給日

	借方	貸方
4/25	給料　20万円	預金　14万円
		預り金（社会保険）3万円
		預り金（所得税）1万円
		預り金（住民税）2万円

社会保険料と税金の納付

	借方	貸方
5/10	預り金（所得税）1万円	預金　3万円
	預り金（住民税）2万円	
5/31	預り金（社会保険）3万円	預金　6万円
	法定福利費　3万円	

給与明細

02　年末調整

　毎月給料から控除される所得税は給料の金額に応じて計算されます。天引きされた所得税は翌月 10 日までに納付されます。給与所得者の源泉徴収税額表により計算します。

　毎月の給料から所得税を天引きし、会社がかわりに税務署に収めることを源泉徴収といいます。その源泉徴収された所得税を源泉所得税といいます。

　毎月の給料から天引きされる源泉所得税は概算で計算されています。そのため、正確な所得税を計算するためには 1 月から 12 月までの給料を集計して、計算する必要があります。

　正しく計算された所得税と年間の源泉所得税との差額を調整します。

　年末調整は、1 年間の正しく計算された所得税より源泉所得税が多ければ差額を従業員に還付します。少なければ従業員の給料から徴収します。

　所得税は申告納税方式が原則であり、確定申告を行います。

　ただ、会社員は給料から源泉徴収され、年末調整により所得税が確定するため、確定申告をする必要はありません。

　住民税は、毎月の給料から住民税を天引きし会社が各自治体に収めます。これを特別徴収といいます。

　住民税は、年末調整の際に作成される給与支払報告書を提出することで、各市区町村が計算します。数か月すると住民税が計算され会社に特別徴収税額決定通知書が送られてくるので、その書類に記載されている金額を毎月の給料から天引きします。

第 6 章

決算書作成

01　棚卸

　棚卸とは、決算などの際に商品・製品・原材料などの在庫の数量を調べ、帳簿上にある在庫の数量と一致するかを確認する作業です。

　在庫を確認したら、期末商品棚卸高を確定して、売上原価の計算を行います。

　売上原価とは、売上高に対する商品の仕入原価のことです。

在庫表

商品名	数量	単価	金額
A	10	100	1,000

　棚卸をして在庫の金額を計算したら、売上原価の計算をします。売上原価とは、売上高に対応する販売した分の商品の仕入のことをいいます。実際に現場で在庫を数えて在庫を集計することを実地棚卸といいます。会社で作成している在庫表は商品の入庫と出庫を管理していますが、実地棚卸をすると実際の在庫数とは異なることがあります。

　商品を100個売ったとした場合に、1個1万円で仕入れていた場合の売上原価は100万円です。商品を1個1万円で120個仕入れて、そのうち100個を売った場合の売上原価も100万円になります。仕入れた総額が売上原価になるのではなく、売った個数が売上原価になってくるため100万円になります。

　前期の在庫と今期の在庫があるので、前期末の在庫は今期の期首の在庫となることも気を付けなくてはいけません。

　簿記では、決算の際の売上原価を以下のように計算することができます。

期首商品棚卸高　＋　当期商品仕入高　－　期末商品棚卸高　＝　売上原価

売上から売上原価を引くと、売上総利益を求めることができます。

仕訳にすると以下のようになります。

	借方	貸方
3/31	仕入	繰越商品（期首在庫）
	繰越商品（在庫）	仕入

 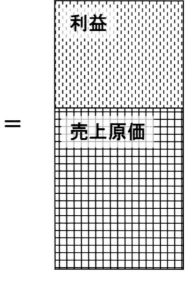

- ■ 売上＝売上原価　＋　利益
- ■ 売上原価＝売上　×　原価率
- ■ 売上＝商品単価　×　販売した個数
- ■ 売上原価＝販売した個数　×　仕入単価

さまざまな方法で、売上や売上原価を計算することができます。
これらの計算を覚えておくことで、分析にも応用することができます。

02　前払費用・未払費用

　当期に支払ったもののうち翌期以降の費用とすべきものは、前払費用という勘定科目で仕訳します。

　翌期分の電話代を当期に支払ったとしても、その経費は翌期の経費になります。

	借方	貸方
3/10	前払費用　1万円	預金　1万円

　支払ったものすべてが経費になるわけではなく、当期に対応するものが経費として計上されることとなります。翌期以降の経費にすべきものは、前払費用などの勘定科目を使用して仕訳をします。

翌期の仕訳

	借方	貸方
4/1	通信費　1万円	前払費用　1万円

　当期に発生した経費ではあるが翌期以降に支払うものを、未払金の勘定科目で仕訳します。

	借方	貸方
3/31	通信費　1万円	未払金　1万円

翌期の仕訳

	借方	貸方
4/30	未払金　1万円	預金　1万円

03 前受収益・未収収益

次期の収益を当期に受け取った場合は、前受収益という勘定科目で仕訳します。

翌期の手数料を当期に受け取った場合

	借方	貸方
3/10	預金　10万円	前受収益　10万円

翌期の仕訳

	借方	貸方
4/1	前受収益　10万円	受取手数料　10万円

当期は収益として認識しないため、負債の勘定科目で仕訳をしておきます。
翌期になると収益に直す必要があるため、受取手数料の勘定科目で仕訳をします。

　未収収益とは、期をまたいで翌月以降に入金があるものを当期の決算に組み込む場合は、未収入金という勘定科目で仕訳します。

当期の手数料が翌期払いの場合

	借方	貸方
3/10	未収入金　10万円	受取手数料　10万円

翌期の仕訳

	借方	貸方
4/1	預金　10万円	未収入金　10万円

04　減価償却

　減価償却とは、つかうほどに価値が下がっていく固定資産（土地を除く）について、使用可能な期間を想定して、帳簿上の価値も少しずつ減らしていく手続きのことです。
　減価償却費の計算方法には、定額法と定率法があります。
　特徴としては、毎年一定額の減価償却費が計上されます。

　定額法とは、取得価額を耐用年数で割って、減価償却費を計算する方法です。

取得価額 1,000,000 円の機械（耐用年数 10 年）を購入した場合
取得価額（1,000,000 円）÷　耐用年数（10 年）　＝　減価償却費（100,000 円）
1 年目 100,000 円
2 年目 100,000 円
3 年目 100,000 円
4 年目 100,000 円
5 年目 100,000 円
10 年目まで計算します。

　定率法とは、固定資産の残額に毎年一定の償却率を乗じて減価償却費を計算する方法です。
　帳簿価額とは、取得価額から償却累計額を差し引いた金額をいいます。

帳簿価額（1,000,000 円）　×　定率法償却率（0.2）　＝　減価償却費（200,000 円）

1 年目 1,000,000 円　×　0.2　＝　200,000 円
2 年目（1,000,000 円　－　200,000 円）×　0.2　＝　160,000 円
3 年目（1,000,000 円　－　360,000 円）×　0.2　＝　128,000 円
4 年目（1,000,000 円　－　488,000 円）×　0.2　＝　102,400 円
5 年目（1,000,000 円　－　590,400 円）×　0.2　＝　81,920 円
これを 10 年目まで計算していきます。

　定額法は、何年目でも取得価額を基礎として計算していきますが、定率法では取得価額から今まで計上した減価償却費の金額を控除した残高に償却率を乗じて減価償却費を計算します。

定額法と定率法を比較すると、3年目までは定率法のほうが減価償却費の金額が多いことがわかります。ただ、4年目以降は定率法のほうが金額が少なくなります。

減価償却費の仕訳には直接法と間接法という2つの方法があります。

直接法

	借方	貸方
3/31	減価償却費　10万円	機械　10万円

減価償却費の相手勘定科目を対象となる資産の勘定科目を使用することで、資産の帳簿価額が減少します。直接法では決算書の固定資産は帳簿価額で表示されます。

間接法

	借方	貸方
3/31	減価償却費　10万円	減価償却累計額　10万円

減価償却費の相手勘定科目には減価償却累計額を使用します。固定資産の勘定科目を使わないので、取得価額のまま表示されます。

05 決算書

決算書は財務諸表とも呼ばれ、1年間の経営成績を示した損益計算書と、期末時点での財政状況を表す貸借対照表から成り立っています。

決算書を作成する手順は以下の通りです。

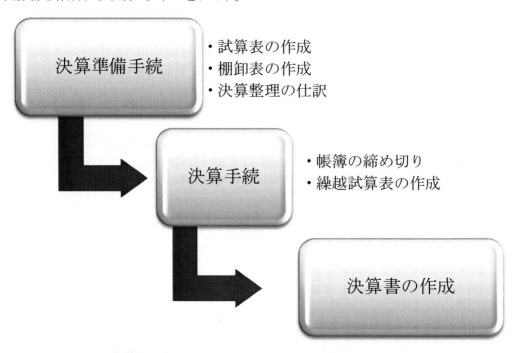

決算準備手続
・試算表の作成
・棚卸表の作成
・決算整理の仕訳

決算手続
・帳簿の締め切り
・繰越試算表の作成

決算書の作成

貸借対照表のしくみ

資産

負債

純資産

資産は会社が銀行から借りた借入金や投資家から出資をうけた資金がどのように投資されたかを表しています。

　負債と純資産からは、資金をどのように調達したのかがわかります。
　負債は借入金など他者より調達しているため他人資本、純資産は資本金など自ら調達しているため自己資本ともいいます。

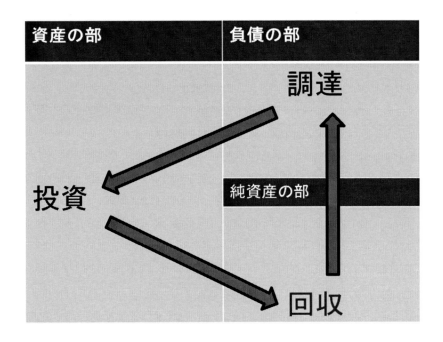

資産の部		負債の部	
流動資産		流動負債	
現預金	50	買掛金	100
売掛金	150	固定負債	
在庫	100	長期借入金	900
		負債合計	1000
固定資産		**純資産の部**	
建物	1,000	資本金	100
機械	200	利益剰余金	400
資産合計	1500	負債純資産合計	1500

貸借対照表の見方

資産の部		負債の部	
流動資産 　1年以内に現金化できる資産をいいます。流動資産が多いほど支払い能力が高いとされています。		**流動負債** 　1年以内に返済が必要な負債をいいます。多いほど資金繰りが厳しいとされています。	
		固定負債 　1年以上返済が必要な負債。	
固定資産 　建物など1年以上の長期にわたって所有する資産をいいます。		**純資産の部**	
		自己資本	

　流動資産と流動負債を比べると会社の支払能力がわかります。

　流動負債が流動資産より大きい場合は、入ってくるお金より出ていくお金のほうが多いわけなので、会社の資金繰りはかなり苦しいことがわかります。

　固定資産と自己資本のバランスをみると設備投資の分析ができます。

　固定資産への投資は返済の必要がない自己資本ですることがよいとされています。

　投資がすべて自己資本でまかなわれていれば、財政状況がよく、会社としての安全性も高いことが見込めます。

損益計算書

科目		金額
売上高	本業で得た収入	1,000,000
売上原価	期首商品棚卸高＋当期商品仕入高－期末商品棚卸高	200,000
売上総利益	売上高から売上原価を差し引いた利益	800,000
販売費および一般管理費	本業でかかる費用	300,000
営業利益（損失）	本業による利益	500,000
営業外費用	本業以外による経費	50,000
営業外収益	本業以外による収益	0
経常利益（損失）	会社が事業の活動で得られる利益	450,000
特別損益	臨時の活動で発生した損益	0
税引前当期純利益（損失）	会社の利益で、税金を払う前の金額	450,000
法人税等	法人税、住民税、事業税	100,000
当期純利益（損失）	税引前当期純利益から税金を引いた利益	350,000

06　税金

　事業年度が終了すると 2 か月以内に法人税等の確定申告書を税務署に提出する必要があります。会社が納める税金には、法人税、法人住民税、法人事業税があります。税金の納付も 2 か月以内になります。

　決算によって税引前当期純利益が確定したら、税法の利益に直すために調整を行って所得金額を算出し、その所得金額に応じた税率をかけて税額を計算します。

　税金とは以下のものです。

法人税
　国に納める税金で、会社の所得にかかります。

法人住民税
　法人道府県民税と法人市町村民税を合わせた地方税です。

法人事業税
　都道府県に納める税金です。

税金が確定したときの仕訳

	借方	貸方
3/31	法人税等　100 万円	未払法人税等　100 万円

税金を払ったときの仕訳

	借方	貸方
5/31	未払法人税等　100 万円	預金　100 万円

著者紹介

林 直樹（はやし なおき）

グロースリンク税理士法人 税務コンサルティング事業部税務コンサルタント

幸せと利益を両立する「いい会社」を増やすというミッションのもと、 税務代理、税務書類の作成、税務相談から、経営支援まで幅広く お客様を継続的にサポートしている。

職業訓練法人Ｈ＆Ａ　経理基礎

2021年4月1日　　初 版 発 行
2023年4月1日　　二版第二刷発行

著 者　林　直樹

発 行 所　　職業訓練法人Ｈ＆Ａ
　　　　　　〒472-0023 愛知県知立市西町妻向14-1
　　　　　　TEL 0566(70)7766
　　　　　　FAX 0566(70)7765

発 売　　株式会社 三恵社
　　　　　　〒462-0056 愛知県名古屋市北区中丸町2-24-1
　　　　　　TEL 052(915)5211
　　　　　　FAX 052(915)5019
　　　　　　URL http://www.sankeisha.com

乱丁・落丁の場合はお取替えいたします。
ISBN978-4-86693-424-2